¿Cuántos pedos nos echamos al día?
páginas **12-13**

¿Todo el mundo hace caca?
páginas **14-15**

hacemos ruido cuando eructamos?
páginas **16-17**

¿Por qué el sudor es salado?
páginas **22-23**

¿De verdad hay que quitarse la cera de los oídos
páginas **24-25**

¿La caspa es un bicho malvado?
páginas **32-33**

¿Puedo rascarme las costras?
páginas **34-35**

¿Los animales son asquerosos?
páginas **36-37**

Para Félix, Mattis e Iban.
Gracias a Bénedicte y Elodie.

Pipí, caca y mocos

Título original: *Pipi, caca et crottes de nez*

© 2013 Éditions Milan
© 2013 Sophie Dussaussois (texto)
© 2013 Amélie Faliére (ilustraciones)

Cuidado de edición: Mélise Carrar
Texto y correcciones Karine Forest
Dirección de arte: Emma Rigaudeau
Formación: Agathe Farnault

Originalmente publicado en Francia por Éditions Milan

Traducción: Adriana Romero-Nieto

D.R. © Editorial Océano, S.L.
Milanesat 21-23, Edificio Océano
08017 Barcelona, España
www.oceano.com

D.R. © Editorial Océano de México, S.A. de C.V.
Eugenio Sue 55, Polanco Chapultepec
Miguel Hidalgo, 11560, Ciudad de México
www.oceano.mx
www.oceanotravesia.mx

Primera edición: 2018

ISBN: 978-607-527-410-2

IMPRESO EN CHINA / PRINTED IN CHINA

Pipí, caca y mocos

Texto de **Sophie Dussaussois**
Ilustraciones de **Amélie Falière**

OCEANO travesía

Pipí y caca... ¿para qué sirven?

Para estar en forma, necesitas agua y comida. Tu cuerpo aprovecha los nutrientes y expulsa los desechos. Como verás más adelante, algunos seres vivos no desperdician estos desechos.

Si no hicieras caca, ¡se te formarían unos tapones tremendos! Cuando vas al baño, te sientes aliviado. ¿Por qué? Porque **eliminaste** desechos que podrían ser dañinos para tu cuerpo.

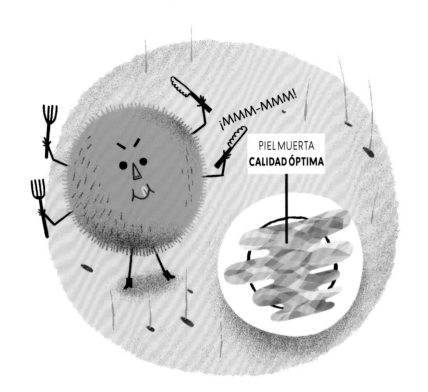

Piel muerta, ¡mmm!
A las bacterias les encantan
los desechos. Al comerlos, los
reciclan y los transforman
en otras sustancias; en abono,
por ejemplo.

Muchos animales usan su
orina para enviar **señales** a
sus congéneres. Tu gato o tu
perro deja algunas gotas de
pipí siempre en el mismo lugar
para marcar su territorio;
el mensaje es: "ésta es mi casa".

¿Podemos comernos los mocos?

¡No te metas los dedos a la nariz! No es muy elegante y tus dedos corren el riesgo de quedar cubiertos de microbios.

Si tienes la manía de hurgarte la nariz, eres lo que los eruditos llaman un **rinotilexómano.** Entonces sabes que existen mocos de diferentes tipos: algunos son secos y crujientes; otros, blandos y pegajosos.

El aire no está limpio, contiene varios pequeños elementos que son dañinos para los pulmones: polvo, gérmenes, bacterias... Tu nariz funciona como un filtro para cerrarles el paso.

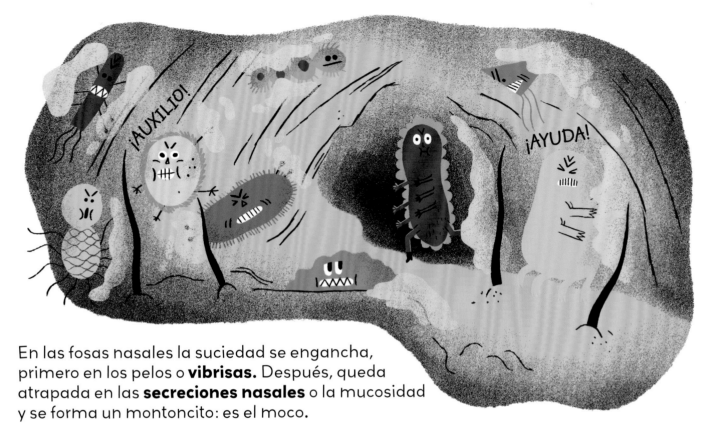

En las fosas nasales la suciedad se engancha, primero en los pelos o **vibrisas.** Después, queda atrapada en las **secreciones nasales** o la mucosidad y se forma un montoncito: es el moco.

Cuando sientes que tu nariz está llena de mocos, más vale que te suenes para expulsarlos, ya que esas malignas **bolitas verdes** contienen virus y bacterias que pueden infectarte.

¿La orina siempre es amarilla?

Tsss... ¿Tienes muchas ganas de ir al baño? Parece que cuando más te estás divirtiendo te dan ganas de hacer pipí, y si te aguantas mucho las ganas, te hace daño...

Hacer pipí sirve para eliminar los desechos que están en la sangre. ¿Y quién se encarga del trabajo de limpieza? Los **riñones,** que tienen forma de dos grandes frijoles o alubias, están situados en la espalda baja y trabajan como filtros.

La orina (o pipí) va de los riñones a la **vejiga.** Ésta es una bolsa plana y arrugada que poco a poco se llena de pipí. Cuando está llena, envía un mensaje a tu cerebro: ¡corre!, ¡rápido, al baño!

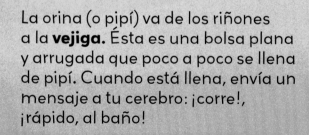

GLÁNDULA SUPRARRENAL

RIÑÓN

URÉTER

VEJIGA

URETRA

Entre los desechos que encontramos en la sangre, hay principalmente glóbulos rojos desgastados que contienen **bilirrubina.** Este pigmento es el responsable del color amarillo de la orina. Si bebes mucha agua, tu pipí será amarillo claro.

¡AHHHH!

PIPÍ PIPÍ...

¿Por qué la orina tiene un olor peculiar?

¿Has comido espárragos? Entonces habrás notado que tu pipí tiene olor a huevo podrido. El espárrago es un diurético: cuando lo comemos, nos dan muchas ganas de hacer pipí y contiene una sustancia cuyo olor se encuentra en la orina. Si comes remolacha o betabel, tu pipí será completamente rosa.

¿Cuántos pedos nos echamos al día?

A veces salen en ráfagas. Otras veces (¡fiu!) son discretos. Pero a veces, incluso si nadie los oye, perfuman todo el aire que te rodea.

TULIPÁN

Las flatulencias son un fenómeno normal de la **digestión** de los alimentos. Las bacterias que se encuentra en el **colon** atacan a las sustancias que no se digirieron y producen diferentes gases como el hidrógeno o el metano. En promedio te echas entre 12 y 25 pedos por día.

JA JA

JI JI

Algunos alimentos, como las coles, contribuyen más que otros a la formación de **gases intestinales** porque son ricos en fibras y en almidón, las principales sustancias no digeridas.

Cuando el pedo huele a huevo podrido significa que hay **sulfuro de hidrógeno.** La mayoría de las veces es porque comiste coliflor, carne o huevos.

¡PEDO!

JA

¿Qué pasa cuando te echas pedos?

Flatus es una palabra latina que significa "soplar". Sí, ¡soplas por las nalgas! Cuando el gas pasa por el esfínter (músculo que permite cerrar el ano), éste vibra (un poco como un saxofón), lo que produce el ruido de los pedos. Otras formas más elegantes de decir "pedo" son gas intestinal y flatulencia.

¿Todo el mundo hace caca?

Caca dura o caca blanda. Todo el mundo hace cacas apestosas, incluso las princesas más refinadas.

¿Cómo es que ese delicioso bizcocho de cereza se transforma en apestosa popó? La fabricación de la caca es como un pequeño viaje que va de los **alimentos** que comes para crecer y tener energía, hasta la taza del baño.

RECTO

ANO

En las heces hay alimentos que comiste pero que no digeriste. La caca está compuesta por **desechos** que tu cuerpo no necesita: fibras, agua, sales y bacterias...

INTESTINO DELGADO

HÍGADO

ESTÓMAGO

COLON

ESÓFAGO

Los alimentos llegan al estómago y después a los intestinos: unos tubos enredados que miden 6 metros, aquí termina la digestión. Los desechos se van al colon. Después la popó se almacena en el **recto** y es expulsada por el **ano.**

¿Y cuando no podemos hacer caca?

Si no comemos suficientes frutas y verduras, si no tomamos suficiente agua, si estamos estresados o si nos aguantamos mucho las ganas, las heces se pueden quedar en el intestino grueso o en el recto. Éstas se secan y son difíciles de eliminar, duele: es el estreñimiento.

¿Por qué hacemos ruido cuando eructamos?

Cuando los gases suben a la boca hacen temblar el orificio del esófago. Esta vibración es la que produce el sonido tan característico de los eructos.

En el transcurso de la digestión producimos gases en el estómago que son **expulsados** por la boca: es el eructo. Se produce cuando comemos demasiado rápido o cuando "tragamos aire".

Al principio del esófago hay un músculo, el **esfínter,** que se cierra e impide que los gases vuelvan a subir. Pero si hay demasiados gases en tu estómago, éstos empujan el esfínter que se abre y ¡ups, viene el eructo!

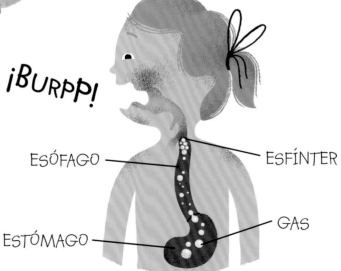

ESÓFAGO

ESFÍNTER

ESTÓMAGO

GAS

Por lo general eructar es mal visto, se considera **grosero.**
Pero en algunos países de Asia y África, eructar después
de comer es un signo de buena educación; significa que
la comida estaba rica y que te gustó.

¿De verdad hay que quitarse la cera de los oídos?

Tus bonitas orejitas, tan delicadas, a veces son contaminadas por una materia grasosa y viscosa, para nada apetitosa. La cera del oído (o cerumen) ciertamente no es bonita, pero es útil.

¡Una trampa de suciedades que te protege! ¡Para eso sirve el **cerumen!** Los microbios se quedan ahí pegados y así no pueden llegar al fondo de tu oreja.

El oído se divide en tres partes: externo, medio e interno. El cerumen es fabricado por cerca de 2 000 glándulas situadas en tu conducto **auditivo externo.**

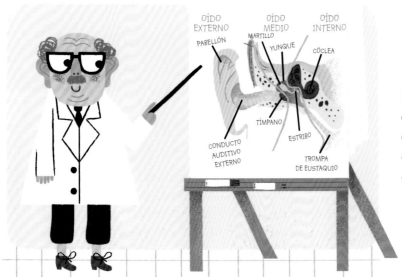

El cerumen se va por sí solo.
Si es útil, ¿para qué quitarlo?
Porque si tenemos demasiado,
nos impide **oír bien.**

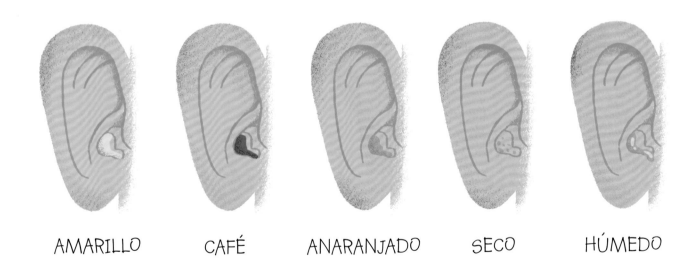

AMARILLO   CAFÉ   ANARANJADO   SECO   HÚMEDO

¿Amarillo, café o anaranjado? ¿Seco o húmedo? Dependiendo de la cantidad de polvo
que contenga, el cerumen tendrá siempre color y **consistencia** distintos.

¿Tendré muchos granos cuando sea adolescente?

¿Qué le sucede al primo Julio? Parecería que desde que entró a la secundaria desarrolló una alergia a la escuela: ¡su rostro está lleno de granos rojos y blancos!

El primo Julio se está convirtiendo en un joven. Tiene vellos en las piernas y granos en la cara... su cuerpo se transforma para convertirse pronto en el de un adulto: es la **pubertad.**

Toma un microscopio y mira tu piel. ¿Qué ves? Miles de agujeritos: **poros,** y también bacterias, piel muerta... Durante la pubertad, los poros secretan mucho más **sebo,** una sustancia grasosa que impide que la piel se reseque.

El sebo, la piel muerta y las bacterias obstruyen los poros de la piel y forman un **comedón.** Si lo presionas, sale un líquido blancuzco: es el pus.

¡SPLASH!

PUS

BACTERIA

SEBO

CABELLO

PIEL MUERTA

¿Qué es el acné?

A estos granos se les llama acné y es la pesadilla de los adolescentes. Pero tranquilízate, la mayoría de las veces, el acné dura poco. Además, quizá seas de aquellos afortunados que escapan de él... Si no es el caso, hay muchos tratamientos contra esas **pústulas** repugnantes.

¿La caspa es un bicho malvado?

"¡Oh, no, tengo caspa!", grita tu hermana mayor. Estos malvados pedacitos de piel muerta a menudo crean pánico. Sin embargo, la caspa no es contagiosa.

PIOJO

CASPA

La caspa no es un conjunto de sucios bichos dispuestos a devorarte el cerebro. Se trata tan sólo de pedazos de piel muerta (o **escamas**). Cada día caen de tu cuerpo 10 mil millones de éstos, es decir, 4 kilogramos por año.

La piel fabrica sin cesar células nuevas que toman el lugar de las viejas. Sobre la cabeza, los cabellos aprisionan los pedazos de piel muerta y, combinados con el **sebo** y el polvo, se convierten en caspa.

Los recién nacidos a veces también tienen sobre el cráneo **costras lácteas** amarillentas. Éstas se deben a las hormonas de embarazo de la madre que pasan al cuerpo del bebé.

Basta con tener piel para desarrollar caspa; por eso los animales, con plumas o pelos, también la generan. ¡Y ellos no tienen **champú especial** para combatirla!

¿Los animales son asquerosos?

Algunos vomitan antes de comer, otros degustan su excremento con deleite. ¡Pues sí! ¡Es la naturaleza!

Una mosca voladora, atraída por las sobras de tu postre, se posa por aquí y por allá. Pero antes de probar, ¡plash, un poco de vómito! La mosca no puede tragar nada que antes no haya sido inundado por sus **jugos gástricos.**

¡BLURP!

Algunos animalitos son profesionales del vómito. Con frecuencia tu gato come hierba y vomita poco tiempo después: se purga y **limpia** el estómago. Los rapaces escupen bolas de pelos, plumas y huesos, sobras de la comida que no digirieron.

¿Por qué se comen su caca? ¡Puaj, a ti ni se te ocurriría! Pero algunos animales la encuentran deliciosa, por ejemplo para las moscas es un festín. Los conejos comen algo de su excremento, pues contiene **vitamina D** que es esencial para su dieta.

Para nutrir a sus pequeños, las mamás pelícano se comen primero el pescado y luego lo **regurgitan** en el pico de sus polluelos. ¡Mmm, qué rica sopa!